" Le succès sur YouTube réside dans la passion "

Créez un Lien **Puissant** avec votre **audience** sur YouTube

RÉUSSIR SA CHAÎNE

EN 2024

Le guide pour élargir ton audience, maximisez tes contenu, et transformez ta chaîne YouTube

WILLIAM RICHIE

COPYRIGHT

« Tous droits de reproduction, d'adaptation et de traduction, intégrale ou partielle réservés pour tous pays. L'auteur ou l'éditeur est seul propriétaire des droits et responsable du contenu de ce livre. »

« Le Code de la propriété intellectuelle interdit les copies ou reproductions destinées à une utilisation collective. Toute représentation ou reproduction intégrale ou partielle faite par quelque procédé que ce soit, sans le consentement de l'auteur ou de ses ayant droit ou ayant cause, est illicite et constitue une contrefaçon, aux termes des articles L.335-2 et suivants du Code de la propriété intellectuelle »

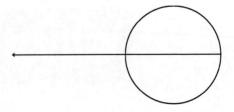

À UN CLIQUE DE RÉUSSIR !

1 COMPRENDRE L'ALGORITHME YOUTUBE
- Analyser les tendances — 5
- Optimisation avec Analytics — 6
- Diversification des sources de traffics — 7
- Création des Miniatures Innovantes — 8
- L'engagement avec sa communauté — 9

2 CRÉER DU CONTENU QUI CAPTIVE
- Comprendre son public cible — 10
- Intéragir avec son audience — 12

3 TROUVER SA NICHE ET SA STRATÉGIE DE DÉVELOPPEMENT
- Étudier la concurrence — 14
- Créer du contenu spécifique à sa niche — 15
- Utilisation intelligente des tendances — 17
- Les données analytiques — 18
- Collaborations et réseautages — 19

4 ÉVOLUER AVEC LES TENDANCES TECHNOLOGIQUES
- Exploiter les nouvelles fonctionnalités de Youtube — 20
- Éducation continue et Formation — 21
- Utilisation de l'IA — 25
- Promotion via les réseaux sociaux — 28

AVANT DE CRÉER TA CHAINE YOUTUBE

Avant d'inaugurer votre chaîne YouTube, prenez un moment pour vous interroger. **Pourquoi créer cette chaîne ?** Creusez au-delà des raisons évidentes. Partagez-vous votre expertise, divertissez-vous, éduquez-vous, inspirez-vous, ou peut-être une combinaison unique de ces éléments ?

Cette réflexion n'est pas une formalité, mais votre direction à suivre. Elle forme la base de votre présence sur YouTube. En définissant une vision claire, vous établissez un ancrage pour toutes vos vidéos à venir.

Imaginez l'impact à long terme que vous souhaitez avoir. Visualisez votre public, anticipez leurs réactions, et envisagez la communauté que vous construirez. Cette vision devient votre guide à travers les hauts et les bas du parcours YouTube.

Quand les défis surviennent, et ils surviendront, cette vision claire devient votre source d'inspiration. Elle répond à la question "Pourquoi je fais cela ?" et rappelle l'essence de votre présence sur la plateforme, bien au-delà des chiffres de vues ou d'abonnés.

Avant de vous lancer dans la création de contenu, prenez **ce moment d'introspection**. Éclairez votre chemin avec une vision claire qui sera votre guide dans le monde complexe, mais gratifiant, de YouTube.

"Penser grand
Même à ses débuts"

COMPRENDRE L'ALGORITHME YOUTUBE

Analyser les Tendances

Au cœur de la réussite sur YouTube en 2024 réside la capacité à anticiper et à s'adapter aux tendances émergentes. C'est une compétence essentielle pour tout créateur cherchant à bâtir une présence dynamique. Une veille stratégique constante, combinée à une analyse minutieuse des vidéos populaires dans votre créneau, vous permettra de saisir les sujets d'actualité. Explorez les mots-clés en vogue avec des outils spécialisés, intégrez-les habilement dans vos contenus, et observez l'impact sur la visibilité de votre chaîne.

La compréhension des tendances permet de déceler le contenu qui devient viral. Identifier les sujets, formats, ou styles de vidéo qui captivent l'attention du public offre une opportunité unique de créer du contenu qui résonne avec une large audience. Ce n'est pas simplement suivre la vague, mais plutôt comprendre les motifs sous-jacents qui font qu'une vidéo devient virale.

Cela permet de différencier le contenu qualitatif. Au-delà des chiffres de vues, une analyse approfondie des tendances permet de discerner la qualité intrinsèque d'une vidéo. Cela inclut la créativité dans la présentation, la pertinence du sujet, et la capacité à susciter l'engagement. En créant un contenu de haute qualité, vous établissez une base solide pour attirer et retenir une audience fidèle.

Distinguer les concepts des informations

L'analyse des tendances offre la possibilité de distinguer entre les concepts et l'information. Certaines tendances sont basées sur des concepts divertissants, tandis que d'autres sont liées à la diffusion d'informations utiles. Comprendre cette nuance vous permet de choisir le style qui correspond le mieux à votre niche et à vos compétences, créant ainsi un contenu authentique et attractif.

En partant de zéro ? Un défi impossible à relever ?

En partant de zéro abonné et sans aucune audience, la compétition peut sembler décourageante. C'est là que l'analyse des tendances devient une arme stratégique. En identifiant les lacunes dans le contenu actuel, en offrant une perspective unique sur des sujets populaires, et en exploitant des formats émergents, vous pouvez vous démarquer dans un environnement compétitif. Une compréhension précise des tendances vous positionnera comme un créateur averti, prêt à offrir un contenu de qualité qui attire l'attention et stimule la croissance de votre chaîne. La véritable clé réside dans la capacité à transformer ces tendances en opportunités uniques et à créer un contenu qui reste authentique à votre vision tout en captivant votre public cible.

OPTIMISATION AVEC YOUTUBE ANALYTICS

YouTube Analytics est bien plus qu'une simple fenêtre sur les performances de votre chaîne : c'est un outil stratégique qui peut guider chaque étape de votre parcours de créateur. En l'utilisant de manière judicieuse, vous pouvez non seulement optimiser votre contenu, mais également ajuster votre stratégie en fonction des comportements de votre audience.

L'une des premières clés pour tirer parti de YouTube Analytics est de comprendre comment les tendances se reflètent dans vos propres données. Analysez les vidéos qui ont performé le mieux et cherchez des similitudes avec les tendances actuelles. Cela ne signifie pas nécessairement suivre aveuglément les tendances, mais plutôt utiliser ces renseignements pour affiner votre propre approche.

YouTube Analytics est bien plus qu'une simple fenêtre sur les performances de votre chaîne ; c'est un outil stratégique qui peut guider chaque étape de votre parcours de créateur. En l'utilisant de manière judicieuse, vous pouvez non seulement optimiser votre contenu, mais également ajuster votre stratégie en fonction des comportements de votre audience.

L'une des premières clés pour tirer parti de YouTube Analytics est de comprendre comment les tendances se reflètent dans vos propres données. Analysez les vidéos qui ont performé le mieux et cherchez des similitudes avec les tendances actuelles. Cela ne signifie pas nécessairement suivre aveuglément les tendances, mais plutôt utiliser ces informations analytiques pour affiner votre propre approche.

Lors de l'utilisation de l'outil, concentrez-vous sur les paramètres qui ont un impact direct sur la visibilité de votre contenu. Étudiez les heures d'affluence de votre audience pour déterminer le moment optimal pour publier vos vidéos. Analysez la fréquence de visionnage pour ajuster votre calendrier éditorial et maintenir l'intérêt de votre public.

Le cœur de l'optimisation réside dans la compréhension de votre audience cible. Utilisez YouTube Analytics pour explorer les caractéristiques démographiques de votre public, les sujets qui les intéressent le plus, et les types de contenu qui génèrent le plus d'engagement. Cela vous permettra d'ajuster votre stratégie en fonction des préférences spécifiques de votre audience, renforçant ainsi la pertinence de votre contenu.

Parallèlement, comprenez que l'algorithme de YouTube est dynamique et réagit aux changements dans le comportement de votre audience. Soyez attentif aux signaux envoyés par YouTube Analytics, tels que le taux de rétention, les clics, et les commentaires. Ces indicateurs peuvent influencer la façon dont l'algorithme recommande votre contenu, ce qui rend crucial l'ajustement constant de votre stratégie en fonction des données en évolution.

DIVERSIFICATION DES SOURCES DE TRAFFICS

Sur la plateforme YouTube, la diversification des sources de trafic est une stratégie cruciale pour établir et faire prospérer une nouvelle chaîne. En comprenant et en exploitant différentes avenues pour attirer des spectateurs, vous pouvez non seulement augmenter votre visibilité, mais aussi réduire la dépendance à une seule source de trafic.

La diversification des sources de trafic sur YouTube consiste à ne pas mettre tous vos œufs dans le même panier. Si la recherche organique est une composante vitale, elle ne devrait pas être votre unique canal d'acquisition d'audience. Explorez des voies supplémentaires telles que les réseaux sociaux, les newsletters, et votre site web pour augmenter la portée de votre contenu.

L'un des avantages clés de cette approche est la réduction des risques. Les algorithmes de plateformes changent, les tendances évoluent, et dépendre entièrement d'une seule source de trafic expose votre chaîne à des fluctuations soudaines. En diversifiant vos sources, vous créez une base solide qui peut résister aux changements sur l'interface numérique.

Cependant, cela ne signifie pas diluer votre énergie de manière inefficace. Choisir judicieusement les canaux en fonction de votre public cible est essentiel. Si votre contenu est visuel, les plateformes telles qu'Instagram ou TikTok peuvent être des alliés puissants. Pour un contenu plus informatif, l'intégration de votre chaîne dans des newsletters ou forums spécialisés peut générer un trafic de qualité.

L'importance de la diversification des sources de trafic réside dans la stabilité et la croissance constante. Alors que la recherche organique peut être votre pilier initial, les nouvelles chaînes doivent explorer activement d'autres moyens pour stimuler la découverte de leur contenu. Les inconvénients, tels que la nécessité de maintenir une présence sur plusieurs plateformes, sont largement compensés par la construction d'une audience robuste et diversifiée.

CRÉATION DE MINIATURE INNOVANTE

Les miniatures sur YouTube sont des ambassadeurs visuels de votre contenu, jouant un rôle déterminant dans l'attraction des spectateurs. Bien plus qu'une simple image, une miniature bien conçue est une invitation à l'action, suscitant la curiosité et incitant au clic. En tant que première impression, elles sont cruciales, car une miniature attrayante peut significativement augmenter le taux de clics (CTR) de votre vidéo, un indicateur prisé par l'algorithme de YouTube. En comprendre l'essence, c'est saisir l'opportunité d'optimiser la visibilité de votre chaîne

Les tendances évoluent, et ce qui fonctionne aujourd'hui peut ne pas être aussi efficace demain. Expérimentez avec différents styles, couleurs et éléments visuels. Suivez les performances de vos miniatures via YouTube Analytics et ajustez votre approche en conséquence.

Avec l'émergence des shorts et d'autres formats vidéo, adaptez vos miniatures en conséquence. Comprenez les spécificités de chaque format et optimisez vos miniatures pour maximiser leur attraction.

La conception de miniatures requiert une fusion d'art et de stratégie. Des visuels clairs, des polices lisibles, et des couleurs captivantes sont essentiels. Veillez à une cohérence visuelle pour renforcer la reconnaissance de votre marque. Évitez les pièges courants tels que la surcharge d'informations. L'adaptation aux différents formats, notamment avec l'émergence des shorts, est aussi essentielle. Expérimentez continuellement, suivez les performances via YouTube Analytics, et ajustez votre approche. En maîtrisant l'art des miniatures, vous débloquez un potentiel significatif pour attirer l'attention, optimiser le classement de vos vidéos, et construire une audience fidèle, propulsant ainsi votre chaîne vers de nouveaux sommets de succès.

Certaines erreurs peuvent compromettre l'impact de vos miniatures. Évitez la surcharge d'informations, optez plutôt pour des images simples et évocatrices. Assurez-vous également que la miniature reflète fidèlement le contenu de la vidéo pour maintenir la confiance avec ton audience.

L'ENGAGEMENT AVEC SA COMMUNAUTÉ

L'établissement d'une connexion authentique avec votre communauté sur YouTube est bien plus qu'une simple stratégie de croissance, c'est la clé de voûte du succès durable. Privilégier une audience de niche fidèle plutôt qu'une multitude de spectateurs passagers est la fondation d'une chaîne YouTube prospère. Opter pour une audience de niche signifie transcender les chiffres d'abonnés pour se concentrer sur la qualité de l'engagement. Une audience nichée partage des intérêts spécifiques, ce qui crée une connexion plus profonde avec votre contenu. Ce lien favorise non seulement une fidélité accrue, mais aussi une promotion organique. Les spectateurs engagés partagent, commentent, et participent activement, créant un effet boule de neige qui attire naturellement de nouveaux adeptes. Favoriser l'engagement authentique nécessite une présence active sur la plateforme. Répondez aux commentaires, créez des sondages, et intégrez les retours de votre audience dans votre processus créatif. Organisez des sessions de questions-réponses en direct, collaborez avec votre communauté pour des idées de contenu, et reconnaissez la valeur de chaque abonné. En cultivant une communauté solide, vous érigez une forteresse contre l'éphémère, assurant une croissance durable basée sur des relations significatives plutôt que des chiffres superficiels; La fidélisation d'une audience de niche permet d'instaurer une accessibilité émotionnelle, créant un lien de confiance et de complicité avec votre public.

VIDEO

CRÉER DU CONTENU QUI CAPTIVE

comprendre son public cible

La création de contenu original et captivant sur YouTube est une quête constante, une danse artistique entre créateur et audience.

Avant même d'appuyer sur l'enregistrement, plongez dans l'esprit de votre audience potentielle. Qui sont-ils ? Quels sont leurs besoins, leurs préoccupations, leurs passions ?

Cette phase d'analyse est aussi cruciale que la création elle-même. Explorez les commentaires de vos vidéos précédentes, engagez-vous sur les réseaux sociaux, et utilisez des outils d'analyse pour démystifier les tendances de votre public.

La clé pour créer un contenu captivant réside dans la compréhension de la psychologie de votre audience. Quels sont les éléments qui les intriguent, les amusent, les éduquent ? En capturant l'essence de ce qui résonne avec eux, vous pouvez construire des vidéos qui transcendent le simple visionnage pour devenir des expériences mémorables.

Chaque audience a son langage, son ton, son style préféré. En adaptant votre présentation, votre langage corporel, et même votre humour à votre public, vous créez une connexion authentique. Le créateur qui sait s'ajuster sans perdre son identité est celui qui établit des liens durables.

Étudier la concurrence ne signifie pas imiter, mais apprendre. Quels sont les contenus qui ont performé chez d'autres créateurs dans votre niche ? Analysez leurs erreurs et succès pour affiner votre propre stratégie. La différenciation, tout en restant en harmonie avec les attentes de votre audience, est la clé de l'originalité.

Ne vous contentez pas de suivre les tendances, réinventez-les. Ajoutez votre touche unique à chaque tendance, apportant une perspective inédite. La créativité naît de la fusion entre l'innovation personnelle et l'adaptation intelligente.

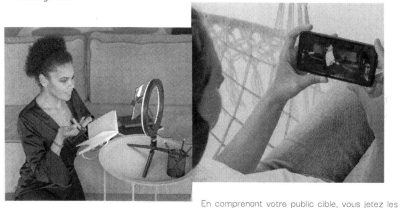

En comprenant votre public cible, vous jetez les bases d'une création de contenu originale. Ce chapitre vous guidera pas à pas, dévoilant les stratégies et les techniques pour capter l'attention dès les premières secondes, créer des vidéos mémorables, et développer une chaîne qui résonne avec votre audience.

Analysez les commentaires, les réactions, et les tendances émergentes. Restez agile dans votre capacité à ajuster votre stratégie en fonction de l'évolution des attentes de votre audience.

Se mettre à la place de son audience n'est pas une simple étape dans le processus créatif, mais plutôt une mentalité continue qui guide chaque décision.

En développant cette empathie créative, vous forgez une chaîne YouTube qui n'est pas seulement regardée, mais véritablement ressentie par votre audience. Ce chapitre vous dévoilera les nuances et les astuces pour intégrer cette perspective dans chaque vidéo que vous créez.

INTÉRAGIR AVEC SON AUDIENCE

Créer du contenu captivant n'est qu'une partie du succès sur YouTube. La connexion avec votre audience, en dehors et sur la plateforme, est tout aussi cruciale. Il ne s'agit pas seulement de créer des vidéos, mais de construire une véritable communauté. Voici comment établir et maintenir cette connexion dynamique.

Ne vous limitez pas à YouTube. Utilisez d'autres plateformes, comme les réseaux sociaux, pour étendre votre portée. Facebook, Instagram, Twitter, TikTok - chaque plateforme offre une opportunité d'atteindre une audience unique. Utilisez-les comme des canaux supplémentaires pour promouvoir votre contenu et interagir avec votre audience.

Maintenir une fréquence d'audience constante est essentiel. Organisez des lives pour un contact direct, répondez en temps réel aux commentaires et discutez avec votre audience. Créez des événements spéciaux, des séries régulières, ou des concepts uniques qui donnent à votre audience quelque chose à attendre avec impatience.

La section commentaires est une arène précieuse pour construire une connexion personnelle. Répondez aux commentaires de manière authentique. Posez des questions à votre audience, sollicitez leurs opinions, et impliquez-vous dans des discussions significatives. Les réponses personnalisées créent un lien plus fort.

Explorez l'idée d'étendre votre présence en dehors de YouTube. Un blog peut compléter vos vidéos avec du contenu approfondi. Un site de e-commerce peut être une avenue pour des produits liés à votre chaîne. Créez des e-books ou des formations en ligne pour capitaliser sur votre expertise et élargir votre impact.

Organisez des événements spéciaux sur votre chaîne, comme des concours, des Q&A en direct, ou des célébrations d'étapes importantes. Ces moments spéciaux renforcent le sentiment de communauté et encouragent l'engagement actif de votre audience.

Utilisez les retours de votre audience pour guider l'évolution de votre contenu. Faites des sondages, analysez les statistiques d'engagement, et ajustez votre stratégie en conséquence. Cette rétroaction continue est la clé de l'adaptation et de l'amélioration constantes.

Connecter avec son audience va au-delà de la simple publication de vidéos. C'est une expérience holistique où chaque interaction, chaque réponse, et chaque événement contribuent à la construction d'une communauté engagée

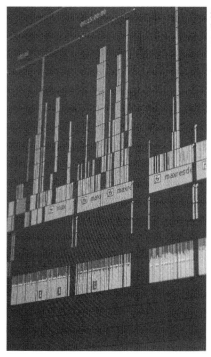

TROUVER SA NICHE ET STRATÉGIE DE DÉVELOPPEMENT

Étudier la Concurrence

La clé pour établir une niche forte et élaborer une stratégie de développement solide sur YouTube réside dans une compréhension approfondie de la concurrence. L'étude minutieuse des autres créateurs de contenu peut être la pierre angulaire de votre succès.

Avant de plonger dans la création de contenu, prenez le temps d'analyser les chaînes similaires à la vôtre. Quels types de vidéos fonctionnent pour eux? Qu'est-ce qui attire leur public? Cela ne signifie pas copier, mais plutôt s'inspirer et comprendre les attentes de votre audience potentielle. Chaque niche a des lacunes à combler. L'étude de la concurrence révèle souvent ces opportunités inexploitées. Identifiez les sujets peu abordés ou les angles non explorés. C'est dans ces espaces que votre chaîne peut se démarquer, attirant un public avide de contenu unique.

Les outils analytiques, tels que YouTube Analytics, sont des alliés puissants. Analysez les performances des vidéos concurrentes pour comprendre ce qui fonctionne. Cela peut guider vos propres choix de contenu et vous aider à ajuster votre stratégie en temps réel pour rester pertinent sur le marché. La concurrence ne doit pas être perçue comme un obstacle, mais comme une opportunité de collaboration. Envisagez des partenariats avec d'autres créateurs dans votre niche. Cela peut aider à élargir votre audience, apportant un public intéressé à votre contenu tout en renforçant votre crédibilité dans la communauté.

L'étude de la concurrence est un processus continu. Restez à l'affût des tendances émergentes, des changements d'algorithme, et des nouvelles stratégies de contenu. L'innovation constante est essentielle pour rester en tête de la courbe et maintenir la croissance de votre chaîne.

CRÉER DU CONTENU SPÉCIFIQUE À SA NICHE

Chaque niche a son propre langage, ses propres attentes. Vos vidéos doivent s'aligner avec ces normes tout en apportant quelque chose d'unique. Comprenez les aspirations, les inquiétudes, et les intérêts de votre audience pour créer un contenu qui résonne vraiment.

La créativité est votre meilleur atout. Pensez à des concepts qui se démarquent dans votre domaine. Qu'il s'agisse d'un format original, d'un angle inédit, ou d'une approche unique d'un sujet tendance, l'innovation attire l'attention et crée une expérience mémorable pour vos spectateurs.

Trouver le juste équilibre entre le divertissement et l'information est essentiel. Les vidéos doivent être captivantes, mais aussi offrir une valeur tangible à votre audience. Que ce soit à travers des anecdotes intéressantes, des démonstrations pratiques, ou des explications claires, chaque vidéo doit apporter quelque chose de nouveau.

Intégrer les tendances dans votre contenu est une stratégie puissante. Soyez à l'affût des sujets qui font le buzz dans votre domaine et trouvez des moyens créatifs de les incorporer dans vos vidéos. Cela vous positionne comme une source d'actualités et stimule l'engagement. urveillez attentivement les réactions de votre audience. Les likes, les commentaires et les partages sont des indicateurs cruciaux. Analysez ces données pour comprendre ce qui fonctionne et ajustez votre approche en conséquence. L'adaptation constante est la clé de la croissance continue.

Créer un contenu spécifique à votre niche, c'est bien plus que répondre aux attentes de votre public. C'est surprendre, innover et offrir une expérience unique. Ce chapitre se penche sur des idées novatrices pour la création de contenu, en prenant l'exemple d'une chaîne YouTube dédiée au gaming.

Dans le domaine du gaming, il est essentiel de diversifier les concepts. Au-delà des simples "Let's Play," envisagez des vidéos tutorielles approfondies, des critiques de jeux, des analyses de l'industrie, des défis personnalisés, des guides stratégiques, et même des séries narratives. La variété garantit que votre public trouve continuellement du contenu attrayant et informatif.

Appliquez les tendances de manière ingénieuse dans le contexte du gaming. Si un nouveau jeu fait fureur, créez du contenu lié, que ce soit des critiques approfondies, des astuces pour débutants, ou même des parodies humoristiques. L'intégration intelligente des tendances donne à votre chaîne une pertinence constante.

Faites participer votre communauté dans le processus créatif en leur permettant de contribuer à des choix de jeu, de soumettre des idées de vidéos, ou même de participer à des défis. Cela crée un sentiment d'appartenance et renforce la connexion avec votre audience.

Explorez les dernières technologies du monde du gaming. Que ce soit des vidéos en réalité virtuelle, des critiques sur des accessoires innovants, ou des comparaisons de performances sur différentes plates-formes, l'intégration de nouvelles technologies garde votre contenu frais et passionnant.

Introduisez des séries thématiques qui créent une cohérence tout en explorant différentes facettes du gaming. Par exemple, une série hebdomadaire de "Top 10" sur des sujets liés aux jeux populaires ou une série mensuelle de défis uniques. Cette cohérence encourage les abonnés à revenir pour des épisodes spécifiques.

Écoutez attentivement les retours de votre audience. Si une série particulière ou un type de contenu suscite un enthousiasme particulier, explorez et développez cette direction. L'adaptabilité à l'évolution des préférences de votre audience est clé.

En suivant ces conseils, même une chaîne YouTube spécialisée dans le gaming peut maintenir une diversité captivante, stimulant l'engagement et attirant continuellement de nouveaux abonnés.

UTILISATION INTELLIGENTE DES TENDANCES

L'art d'utiliser les tendances sur YouTube peut propulser votre chaîne vers de nouveaux sommets. Ce chapitre explore les stratégies intelligentes pour intégrer les tendances dans votre contenu, vous permettant de rester pertinent et captivant dans un paysage numérique en constante évolution.

Restez en veille constante sur les tendances émergentes dans votre créneau. La capacité à anticiper le buzz vous donne un avantage concurrentiel. Utilisez des outils de recherche de tendances, analysez les données du secteur et soyez attentif aux changements rapides dans le comportement des utilisateurs.

La rapidité est essentielle dans le monde des tendances. Soyez réactif aux événements en temps réel et aux sujets brûlants. La capacité à créer du contenu rapidement sur des sujets d'actualité renforce votre crédibilité et peut déclencher une viralité spontanée.

L'adaptation intelligente consiste à intégrer les tendances de manière créative tout en préservant votre identité. Ne suivez pas simplement la foule ; apportez votre propre perspective. Ajoutez une touche personnelle ou une approche unique qui distingue votre contenu tout en capitalisant sur la popularité des sujets tendance.

Toutes les tendances ne sont pas adaptées à votre chaîne. Évitez les sujets éphémères qui pourraient compromettre la cohérence de votre marque à long terme. Sélectionnez les tendances qui résonnent avec votre audience et qui peuvent être intégrées de manière naturelle dans votre contenu.

Lorsque vous suivez une tendance, soyez prêt à interagir avec votre communauté en temps réel. Répondez aux commentaires, encouragez les partages, et impliquez votre audience dans la discussion. Cela renforce le lien émotionnel et favorise une communauté active.

Les tendances se manifestent dans divers formats. Diversifiez votre approche en créant du contenu adapté à différentes longueurs, que ce soit des vidéos courtes, des épisodes longs, des séries, ou des formats interactifs. Cela maximise votre portée et répond à la diversité des préférences des utilisateurs.

Naviguer intelligemment sur la vague des tendances demande une approche stratégique et réfléchie. Plutôt que de simplement suivre aveuglément chaque tendance, concentrez-vous sur celles qui résonnent avec la thématique principale de votre chaîne. Cherchez des intersections naturelles où les tendances convergent avec votre contenu central, renforçant ainsi la cohérence de votre chaîne.

L'objectif est d'exploiter la viralité sans dévier de votre niche principale. Si une tendance externe peut être habilement intégrée sans compromettre l'identité de votre chaîne, explorez-la. Cependant, la clé réside dans la pertinence. Les spectateurs sont attirés par la constance et la spécialisation, alors assurez-vous que même lorsque vous surfez sur la viralité, cela ajoute une valeur cohérente à l'ensemble de votre contenu. Cette approche intelligente des tendances renforce la fidélité de votre public tout en captant l'attention de nouveaux spectateurs intéressés par le mariage astucieux de votre niche avec les sujets tendance.

LES DONNÉES ANALYTIQUES

Le Tableau de Bord YouTube est votre quartier général. Décryptez les métriques essentielles telles que les vues, le temps de visionnage et les abonnements pour obtenir une vision claire de la performance de votre contenu. Comprenez les fluctuations et identifiez les tendances pour adapter votre approche en conséquence.

Observer avec attention les données, les centres d'intérêt et les habitudes de visionnage de votre public. Cette connaissance approfondie vous permet de personnaliser votre contenu pour répondre aux attentes spécifiques de votre audience, renforçant ainsi la connexion avec vos abonnés.

Analysez les tendances au fil du temps pour anticiper les pics de popularité potentiels. Identifiez les saisons propices à votre contenu et adaptez votre calendrier éditorial en conséquence. L'utilisation judicieuse des données saisonnières peut maximiser votre visibilité et attirer de nouveaux spectateurs.

Les données de référencement servent à comprendre comment les spectateurs découvrent votre contenu. Identifiez les mots clés performants et ajustez vos titres, descriptions et balises en conséquence. Une optimisation efficace du référencement propulse votre chaîne vers de nouveaux sommets

Explorez les fonctionnalités avancées de YouTube Analytics pour une compréhension encore plus fine. Des données sur le parcours des utilisateurs aux sources de trafic, plongez dans les détails pour affiner votre stratégie.

COLLABORATIONS ET RÉSEAUTAGES

Sur YouTube, la collaboration n'est pas seulement une stratégie; c'est une passerelle vers de nouveaux horizons.

Lorsque vous vous entourez d'autres créateurs de contenu pertinents dans votre niche, vous créez une synergie. Ces collaborations peuvent ouvrir de nouvelles portes d'audience tout en renforçant votre crédibilité. Découvrez comment identifier les partenaires potentiels et établir des connexions significatives.

Ne limitez pas vos collaborations aux créateurs de contenu directement liés à votre niche. Explorez des partenariats avec des créateurs dont la thématique complémente la vôtre. Cette stratégie peut élargir votre public tout en vous donnant l'opportunité d'explorer de nouveaux sujets.

Explorez les opportunités de partenariats avec des entreprises ou des marques alignées avec votre contenu. Le contenu sponsorisé peut apporter des revenus tout en offrant à votre public des produits ou services pertinents. Apprenez à équilibrer l'authenticité avec les partenariats pour maintenir la confiance de votre audience.

Le réseautage va au-delà des collaborations directes. Explorez les événements en ligne, les forums et les réseaux sociaux pour vous connecter avec d'autres créateurs. Participez à des discussions, partagez vos expériences, et établissez des relations qui peuvent évoluer vers des collaborations fructueuses.

La clé de toute collaboration réussie réside dans la communication ouverte et la créativité partagée. Découvrez comment planifier, exécuter et promouvoir efficacement des collaborations pour maximiser l'impact sur votre audience et celle de vos partenaires.

L'art du réseautage promotionnel va au-delà des collaborations directes. Ce segment explore comment utiliser intelligemment les réseaux sociaux pour promouvoir votre chaîne YouTube, atteindre de nouveaux publics et créer une synergie entre différentes plateformes.

Les réseaux sociaux ne sont pas simplement des outils promotionnels, mais des canaux puissants pour interagir avec une audience. Apprenez à exploiter les forces spécifiques de chaque plateforme, que ce soit la rapidité de Twitter, la visualisation de l'Instagram, ou la connectivité de Facebook.

La promotion croisée sur les réseaux sociaux est une stratégie clé. Découvrez comment partager du contenu teaser, des coulisses, ou des moments forts de vos vidéos sur des plateformes comme Instagram, Twitter, ou même TikTok pour attirer de nouveaux abonnés sur YouTube.

EXPLOITER LES NOUVELLES FONCTIONNALITÉS DE YOUTUBE

Dans le paysage en constante évolution de YouTube, rester à la pointe des nouvelles fonctionnalités est essentiel pour stimuler la croissance de votre chaîne.

YouTube ne cesse d'introduire de nouvelles fonctionnalités, des mises à jour d'algorithmes aux options de monétisation avancées. Comprenez l'importance de rester informé sur les changements pour adapter votre stratégie en conséquence.

Explorez en détail la montée en puissance des shorts YouTube. Découvrez comment créer du contenu captivant en format court, les astuces pour accroître la visibilité de vos shorts, et comment les intégrer stratégiquement dans votre calendrier éditorial pour une audience maximum.

Les diffusions en direct sont une opportunité unique pour une interaction en temps réel avec votre audience. Apprenez à tirer parti des fonctionnalités en direct de YouTube, du chat aux super chats, pour maximiser l'engagement et créer une connexion plus profonde avec vos abonnés.

YouTube étend continuellement ses options de monétisation. Explorez les dernières fonctionnalités telles que les abonnements aux chaînes, les badges, et les publicités à plusieurs niveaux. Découvrez comment aligner ces opportunités avec votre contenu et votre audience pour maximiser vos revenus.

YouTube propose un éventail croissant d'outils pour faciliter la création de contenu. Plongez dans les fonctionnalités d'édition, les bibliothèques de musique, et les options de personnalisation pour affiner la qualité de vos vidéos et offrir une expérience visuelle exceptionnelle à votre audience.

L'innovation ne s'arrête jamais, et YouTube encourage l'expérimentation. Découvrez comment intégrer une approche agile à votre stratégie, en testant de nouvelles fonctionnalités, en analysant les résultats, et en adaptant votre approche pour rester en phase avec l'évolution du paysage numérique.

Explorez les tenants et aboutissants des dernières fonctionnalités de YouTube, comprenez comment les intégrer stratégiquement dans votre stratégie de contenu, et assurez-vous que votre chaîne reste à la pointe de l'innovation pour une croissance optimale.

ÉDUCATION CONTINUE ET FORMATION

L'éducation continue est le pilier fondamental qui propulse les créateurs de contenu vers l'avant dans le monde dynamique de YouTube. Ce chapitre explore en profondeur l'importance de l'apprentissage continu, les ressources disponibles, et comment structurer une formation efficace pour maximiser votre impact sur la plateforme.

Découvrez comment rester informé des dernières tendances, des évolutions d'algorithme et des stratégies émergentes, tout en développant une approche proactive face aux changements constants.

YouTube n'est pas seulement la plateforme où vous créez, mais aussi celle où vous apprenez. Explorez comment exploiter pleinement les ressources éducatives de YouTube. Des tutoriels détaillés aux conseils d'experts, découvrez comment transformer la plateforme elle-même en un gigantesque centre de formation adapté à vos besoins.

LES COMPÉTENCES TECHNIQUES

Au-delà de YouTube, plongez dans l'offre variée des programmes de formation externes. Nous explorerons les avantages des cours en ligne, des ateliers spécialisés et des mentorats personnalisés. Apprenez comment ces ressources externes peuvent affiner vos compétences, accélérer votre croissance et élargir votre horizon créatif.

La créativité sur YouTube demande une maîtrise constante des compétences techniques. Décortiquons les trois principaux aspects qui garantissent votre évolution technique sur la plateforme :

- Équipement Dernier Cri : Restez à l'avant-garde en comprenant l'évolution rapide de l'équipement audiovisuel. De la qualité de la caméra aux innovations en matière d'éclairage et de son, apprenez à choisir et à optimiser votre équipement pour maintenir une production de haute qualité.

- Maîtrise des Logiciels : Explorez les derniers logiciels de montage, d'animation et de production disponibles sur le marché. Apprenez à maximiser leur potentiel pour créer un contenu visuellement attrayant et professionnel. Comprendre ces outils vous permettra de gagner en efficacité et d'ajouter une touche distinctive à vos vidéos.

- Techniques de Production Avancées : Plongez dans les techniques de production qui évoluent avec la plateforme. Que ce soit la réalité virtuelle, la réalité augmentée ou d'autres méthodes innovantes, découvrez comment intégrer ces approches dans votre contenu pour rester pertinent et captivant. L'univers de la production vidéo sur YouTube est en constante évolution, et intégrer des techniques avancées peut faire toute la différence pour se démarquer. Ce segment explore diverses approches, notamment la réalité virtuelle (VR), la réalité augmentée (AR) et d'autres méthodes novatrices pour amener votre contenu à un niveau supérieur.

Méthodes Innovantes : Explorez d'autres approches créatives émergentes, telles que l'utilisation de technologies de pointe comme l'intelligence artificielle (IA) pour des scénarios plus interactifs, ou l'utilisation de techniques de montage innovantes pour un storytelling captivant. L'objectif est de repousser les limites traditionnelles de la production vidéo pour offrir à votre audience une expérience unique.

LE DÉVELOPPEMENT PERSONNEL

Au cœur de votre succès sur YouTube réside un élément souvent sous-estimé mais d'une importance cruciale : le développement personnel. Au-delà des compétences techniques, c'est ce catalyseur qui propulse votre excellence créative.

Le premier pilier du développement personnel est le renforcement de la mentalité. Explorez des stratégies éprouvées qui forgent une attitude positive et résiliente. Cultiver une mentalité de croissance est essentiel pour surmonter les obstacles inhérents à la création de contenu. Comprenez comment transformer les échecs en opportunités d'apprentissage, comment embrasser l'évolution et maintenir une perspective constructive face aux défis.

La vie de créateur de contenu sur YouTube est souvent rythmée par le stress et la pression. Apprenez des techniques pratiques pour naviguer dans ces eaux tumultueuses. De la gestion du trac avant de publier une vidéo à la réception des critiques parfois sévères, découvrez comment rester serein et concentré. Ces compétences essentielles garantissent la cohérence et la qualité de votre production, même dans les moments les plus exigeants.

Stratégies pour Gérer le Stress :

- Techniques de Respiration : Pratiquez des exercices de respiration profonde pour calmer votre esprit et réduire le stress.
- Déconnexion Temporaire : Accordez-vous des moments de déconnexion pour éviter la surcharge d'information et maintenir un équilibre mental.
- Feedback Constructif : Transformez les critiques en opportunités d'amélioration plutôt que de les percevoir comme des attaques personnelles.

En embrassant le développement personnel, vous renforcez votre capacité à affronter les hauts et les bas du monde YouTube avec une perspective équilibrée et une créativité sans limite. C'est ce mélange unique de compétences techniques et de force mentale qui propulsera votre chaîne vers l'excellence.

INNOVATION PÉDAGOGIQUE

Explorez l'art de l'innovation pédagogique appliqué à un contenu divertissant et accrocheur, spécialement conçu pour captiver votre audience dans le cadre de votre niche.

Utilisez des fonctionnalités telles que les questionnaires, les sondages et les annotations de manière astucieuse pour créer une expérience participative et amusante. L'interaction constante avec votre audience transforme le simple visionnage en une aventure éducative engageante, tout en renforçant le lien entre votre chaîne et vos spectateurs.

Apprenez à doser le divertissement avec l'éducation, créant une narration séquentielle qui incite votre public à revenir pour la suite. L'utilisation habile de l'humour, des anecdotes captivantes et des éléments visuels attractifs renforce l'attrait de votre contenu, le transformant en une expérience incontournable pour votre audience.

Personnalisez votre approche en fonction de la spécificité de votre niche. Explorez des idées créatives et des angles uniques qui résonneront particulièrement avec votre audience cible. L'innovation pédagogique, dans ce contexte, consiste à créer du contenu qui excelle tant dans la divertissement que dans l'apport éducatif, tout en restant fidèle à l'essence de votre niche.

En appliquant ces techniques novatrices, vous positionnez votre chaîne comme une référence divertissante et éducative dans votre domaine, attirant une audience fidèle et enthousiaste pour chaque nouvelle vidéo.

UTILISATION DE L'IA

L'évolution rapide de l'utilisation de l'IA dans le paysage créatif de YouTube, souligne son rôle de catalyseur pour la transformation du processus de création de contenu.

l'Intelligence Artificielle (IA) n'est pas une option, mais une révolution créative. Imaginez une IA comme votre acolyte numérique, boostant votre inspiration, donnant vie à vos idées, et personnalisant votre interaction avec votre audience. L'IA n'est plus un outil, c'est votre partenaire créatif.

Découvrez des IA comme ChatGPT, vos nouveaux coéquipiers rédacteurs. Fini le blocage devant une page blanche. Ces IA sont là pour vous aider à générer des idées, rédiger des scripts, et répondre de manière personnalisée à vos abonnés. Elles libèrent votre créativité en éliminant les tracas de l'écriture.

es outils tels que MidJourney et Simplified. Ces IA ne sont pas seulement des assistants de conception, ce sont des révolutionnaires visuels. Découvrez comment ils transforment vos concepts en visuels percutants, des miniatures YouTube qui captivent aux aperçus vidéo qui retiennent l'attention. L'IA augmente la qualité visuelle de votre contenu, vous permettant de vous concentrer sur le cœur de votre message.

FOCUS SUR CHATGPT

Les différentes fonctionnalités clés de ChatGPT :

- Brainstorming Instantané : Plus de blocage créatif. Utilisez ChatGPT pour générer des idées fraîches et originales pour vos vidéos. C'est votre générateur infini d'inspiration.

- Rédaction de Scripts Efficace : Simplifiez le processus d'écriture. Obtenez des scripts bien structurés et engageants en collaborant avec ChatGPT. Il comprend votre tonalité et s'adapte à votre style.

- Réponses Personnalisées : Créez une connexion authentique avec votre audience. ChatGPT vous aide à répondre de manière personnalisée aux commentaires, renforçant ainsi l'engagement et la fidélité.

- Exploration de Concepts : Testez différentes idées de vidéos sans avoir à les produire. ChatGPT vous permet d'explorer des concepts avant de vous lancer, vous assurant de choisir le contenu le plus percutant.

- Optimisation de Contenu : Affinez vos titres, descriptions et balises avec les suggestions de ChatGPT. Maximisez la pertinence pour l'algorithme YouTube et augmentez votre visibilité.

- Conseils Créatifs : Besoin d'un avis créatif? ChatGPT est là pour vous guider. Recevez des conseils sur la narration, le style visuel et la structure de vos vidéos.

- Adaptabilité Illimitée : Que vous soyez un vlogger, un éducateur ou un créateur de contenu de niche, ChatGPT s'adapte à tous les genres, vous offrant une polyvalence inégalée.

FOCUS SUR MIDJOURNEY

Les différentes fonctionnalités clés de Midjourney :

- Transformation d'Idées en Images : Dites adieu aux obstacles visuels. MidJourney prend vos idées et les traduit en images attrayantes. Visualisez rapidement vos concepts avant de les concrétiser.
- Création de Miniatures Captivantes : La première impression compte. MidJourney excelle dans la conception de miniatures qui attirent instantanément l'attention, augmentant ainsi le taux de clics sur vos vidéos.
- Aperçus Vidéo Époustouflants : Donnez un avant-goût exceptionnel de votre contenu avec des aperçus vidéo percutants. MidJourney transforme vos extraits en chefs-d'œuvre visuels, suscitant l'enthousiasme avant même le lancement.

- Séquences Animées Dynamiques : Animez votre contenu avec des séquences visuelles dynamiques. MidJourney injecte de l'énergie dans vos vidéos, captivant votre audience et améliorant la rétention.

- Cohérence Visuelle Instantanée : Établissez une identité visuelle forte. MidJourney vous permet de maintenir une cohérence visuelle à travers vos vidéos, renforçant ainsi la reconnaissance de votre marque.

- Adaptabilité Artistique : Du style épuré au visuel élaboré, MidJourney s'adapte à votre esthétique créative. Personnalisez chaque détail visuel pour correspondre à l'essence de votre chaîne.

- Optimisation Visuelle : Maximisez l'impact visuel de vos vidéos. MidJourney offre des suggestions pour optimiser l'aspect visuel en fonction des tendances actuelles et des préférences de votre audience.

PROMOTION VIA LES RÉSEAUX SOCIAUX

Les réseaux sociaux ne sont pas seulement des plateformes pour partager des moments de vie, ils sont le catalyseur qui peut propulser votre chaîne YouTube vers de nouveaux sommets.

Utilisez astucieusement vos comptes de médias sociaux pour rediriger le flux d'audience vers votre chaîne YouTube. Annoncez vos vidéos, partagez des extraits intrigants et engagez votre public sur différentes plateformes.

Les réseaux sociaux offrent une tribune pour promouvoir votre contenu auprès d'un public spécifique. Utilisez des fonctionnalités publicitaires ciblées pour attirer des abonnés potentiels qui partagent des intérêts similaires à votre niche.

Utilisez les réseaux sociaux comme un terrain fertile pour établir des partenariats commerciaux. Des entreprises locales aux marques nationales, collaborez avec des partenaires qui peuvent bénéficier mutuellement de votre audience.

En maîtrisant l'art de la promotion via les réseaux sociaux, vous créez une toile d'influence numérique qui alimente la croissance de votre chaîne YouTube.

Essayez des partenariats avec d'autres créateurs de contenu sur les réseaux sociaux. Les collaborations peuvent être une passerelle vers de nouveaux publics. Partagez mutuellement votre contenu pour maximiser la visibilité.

Les réseaux sociaux sont une opportunité pour construire votre propre marque personnelle. Soignez votre image en partageant des coulisses, des anecdotes et des moments personnels. Une marque forte attire naturellement un public fidèle.

Adaptez votre approche promotionnelle en fonction des caractéristiques spécifiques de chaque réseau social. Ce qui fonctionne sur Instagram peut différer de ce qui fonctionne sur Twitter. Personnalisez vos messages pour maximiser l'impact.

PRÊT À LANCER VOTRE AVENTURE SUR YOUTUBE ?

Félicitations, vous avez maintenant en main toutes les clés pour lancer votre chaine YouTube avec succès, que vous soyez novice ou déjà un créateur établi. Toutes les stratégies, mécanismes et processus nécessaires ont été méticuleusement dévoilés pour vous guider à chaque étape de votre parcours.

N'attendez plus pour concrétiser vos aspirations sur la plateforme. Vous avez acquis une compréhension profonde de l'algorithme YouTube, découvert des stratégies innovantes pour créer du contenu captivant, maîtrisé l'art de la promotion via les réseaux sociaux, et bien plus encore.

Lancez-vous avec confiance, soyez patient et fidèle à votre vision. Préparez minutieusement votre stratégie, choisissez une niche qui vous passionne, et plongez-vous dans la création de contenu avec détermination. Souvenez-vous, le succès sur YouTube se construit jour après jour, vidéo après vidéo.

Que cette aventure sur YouTube soit synonyme de réussite dans vos projets, vos entreprises, et le lancement de votre chaîne. Créez, innovez, et partagez votre passion avec le monde. Nous vous souhaitons le meilleur dans votre parcours sur cette plateforme vibrante et pleine d'opportunités. À vos caméras, vos idées, et surtout, à votre succès sur YouTube ! 🚀🎥

PRÊT À SE LANCER SUR YOUTUBE ?

Plongez dans le guide ultime et révolutionnez votre expérience sur YouTube ! Que vous soyez novice ou créateur confirmé, découvrez des stratégies inédites pour percer sur la plateforme, développer votre chaîne à partir de zéro et maîtriser les rouages du succès numérique.

Des conseils pratiques, des réflexions inspirantes et des témoignages captivants vous guideront à travers le Nouveau Monde de YouTube.

Que votre ambition soit de partager votre passion, divertir les masses ou éduquer, ce livre vous offre les clés pour construire une chaîne rentable. Rejoignez le mouvement des Nouveaux Créateurs et lancez-vous vers le succès sur YouTube ! 🚀👥

WILLIAM RICHIE

Printed in France by Amazon
Brétigny-sur-Orge, FR

19836115R00018